JN410795

별의 딸

안정근

문예원

| 글쓴이의 말 |

시간과 공간과 자연
그 속에서 이루어지는
삶의 모습을
다양한 시선으로
바라보았습니다.
물론, 부족한 것에 대한
바람도
늘 간직하고 싶은
순수도
빼놓을 수 없었습니다.

2017년 봄
전주에서
안정근

| 차례 |

제2부 시간

제3부 길

제1부

삶

우리 조금은 숙연해지자

길 건너
슬픈 자들이
그늘 안에 있으니
우리 숙연해지자

벽 하나 사이 두고
아픈 자들이
시름하고 있으니
우리 조금은 숙연해지자

눈에 띄지 않는다고
슬픔이 없는 게 아니니
보이지 않는다고
아픔이 없는 게 아니니

길 건너 저편에 갈 때
벽 하나 넘어 갈 때
우리 조금은 숙연해지자
소리 없이 울고 있는

저 많은 사람을 보라
아파서 어찌할 줄 모르는
저들을 보라

벽 하나 사이로
길 하나 사이로
아픔 있고

기억 저 편에도
얼마든지 끄집어 낼
슬픔 있으니

길 건너 저편에 갈 때
벽 하나 넘어 갈 때
우리 조금은 숙연해지자

고요해지면

조용해지면
세상 소리
들릴 줄 알았는데
내 안의 말
더 잘 들리고

외딴 곳 있으면
세상 밖 소리
들릴 줄 알았는데
내 발자국 소리
더 잘 들립니다

외로워
누군가 목소리
듣고 싶었는데
더 가까이 들리는 것은
내 숨소리

고요해지면

온 몸으로 다가오는
나의 존재입니다

겨울밤 꿈

꿈이 없어 그런가
밤새 꿈만 꿉니다

이리 저리
널브러진 꿈 모아
집 한 채 지을 정돕니다

생생한 꿈은 주춧돌 삼고
희미한 꿈은 서까래 쓰고
그리운 꿈은 넓은 창문 만들고
잊혀 진 꿈은 지붕에 올려놓아
바람에 실려 보내고

집도 절도 없으니
한겨울 거뜬히 나라고
긴 밤
꿈만 꿉니다

몽당비누

당신의 때
벗길 만큼 벗겼으니
나 이제 귀퉁이에
쪼그라져 있어도 되겠지

통통한 내 한 몸
당신의 더러움과 함께
야위었으니
나 이제 밑바닥에
찌그러져 있어도 되겠지

한 세상
온 몸 내던져
당신 위해 살았으니
나 이제 당신 체취로
사라져도 되겠지

나무처럼

나무처럼 살자

살아서도
죽어서도
뭐 하나
나무랄 것 없는
나무처럼 살자

존경하는 인물
묻지나 말고
나무처럼
살자고 하자

때가 되면
꽃이 피고
그늘도 주고

때가 다 되면
모든 것 아낌없이 주고

우리 곁에 다가오는

뭐 하나
나무랄 데 없는
나무처럼
살자고 하자

저마다

장미는 빨갛게
목련은 하얗게
개나리는 노랗게
자기 색깔로 피어
저마다 아름답다

사과는 사과 맛으로
귤은 귤 맛으로
포도는 포도 맛으로
저마다 맛있다

둥근 돌은 둥글어서
모난 돌은 모가 나서
돌멩이는 작아서
큰 돌은 커서
저마다 쓸모 있다

어린이는 어려서
젊은이는 젊어서

나이 들면 나이 들어
저마다 아름답다

이렇듯 저마다
자기 색깔 있고
자기 맛이 있고
자기 쓰임새가 있고
자기 때가 있어
아름다운 세상이니
세상에 귀하지 않은 것이 없다

영원히 산다는 것

영원히 산다는 것은
죽지 않는다는 것이 아니라
죽어서도
우리와 함께 한다는 것입니다

그래서
사랑하는 사람들이
내 안에 살아 있어
보고 싶을 때
언제나 또렷한 모습으로
나타나는 것입니다

아버지

이른 아침
해장술에
벌써 취하셨나
골목 어귀부터
그 온기
대문 틈새로 들어오네

집 가까워지면
언제나
큰 헛기침
기다란 골목에
울려 퍼지고
마루 밑
검정 개
컹컹 짖으며
장단을 맞추네

학동주막
낮밤으로

들락날락
비틀거릴 만도 하건만

희한하게
꿋꿋한 발걸음
동네 돌멩이도 피하네

청산리 벽계수
길게 늘여 빠진 시조가
서서히 막을 내리고

아버지 코고는 소리
문풍지 흔드는
냉한 바람소리와
어울린 듯
그렇지 않은 듯
겨울 긴 밤
깊어만 가네

당신만 그러는 것 아닙니다

세상 살기 힘들다고요?
당신만 그러는 것 아닙니다
다들 살아가는 것이
고행입니다

아무리 바동거려도
나아지지 않는다고요?
당신만 그러는 것 아닙니다
우리 모두 밤낮 가리지 않고
일하지만
돌아보면 제자리입니다

앞날이 깜깜하다고요?
당신만 그러는 것 아닙니다
여기 저기 둘러봐도
앞날이 녹록치 않습니다

다들 그렇게
살아가고 있습니다

당신만 그러는 것 아닙니다

산다는 것은
견디는 것이며
그래도 꿈꾸는 것입니다

당신만 그렇게
힘들게 사는 것 아닙니다
다들 그렇게 삽니다

산다는 것

아픔 없는 사람이 어디 있는가
겉으로 나타내지 않을 뿐이지

산다는 것이 얼마나 힘든 일인가
힘겨워도 참고 사는 것이지
그 어느 삶이 쉬운 게 있겠는가

우리 모두 가슴 아린 아픔이 있고
쉬 가시지 않는 슬픔이 있어
또 다른 아픔이나 슬픔을 만나면
위로할 수 있는 것 아닌가

우리 모두 살면서
어려운 고비 없었던 적 없으니
또 다른 어려움 만나도
헤쳐 나갈 수 있는 것 아닌가

산다는 것은
어려움을 이겨내는 것이고

아픔을 참는 것이고
슬픔을 가슴 깊이 간직하는 것이다

어디 어려움 없는 삶이 있겠는가
산다는 것은
견디는 것이며
극복하는 것이며
소망하는 것이다

그런데 놀랍게도 1

누군가 이해하려면
그의 입장이 되어야 한다고 생각했다
그러나 그게 쉬운 게 아니지 않던가

누군가 진정으로 이해하려면
그가 되어야 한다고 생각했다
그러나 그게 얼마나 어려운 일인가
아니 그게 가능한 일인가

그런데 놀랍게도
나를 놓으니 그가 보입니다
나를 지우니 그가 또렷이 보입니다

그런데 놀랍게도 2

볼 게 많은 곳은
시간에 쫓기며 구경합니다
때로는 정신없이
끼니도 잊은 채

볼 게 없는 곳은
시간에 길 일도 없고
끼니 거를 이유도 없습니다
밋밋하다 못해
따분하기까지 합니다

그런데 놀랍게도
볼 게 없으니 내가 보입니다
내가 왜 여기 있지
내가 왜 여기까지 왔지
볼 게 없으니 내가 또렷이 보입니다

아프니까

아프니까
꿈도 소박해집니다

그저
힘차게 기침도 하고
호탕하게 웃어 봤으면
좋겠습니다

인간이라면
누구나
깔깔대고
웃는 줄 알았습니다

뱃가죽이 아프니
소리 내어
웃는 것조차
꿈이 됩니다

안드로메다

이제
안드로메다는 못 가겠구나
맹장을 떼어냈으니
이제
우주로 나갈 수는 없겠구나
맹장을 없앴으니

우리 선조들이
우주에서
이곳 지구로 올 때
맹장을 어이 가지고 왔겠는가
아, 나는 이제
안드로메다에 갈 수 없겠구나

겨울 밤 내내
별이나 쳐다 볼 밖에

가족

1.
병실에
몇 안 되는 가족
모여 있다
걱정스런 눈빛만
서로 말이 없다

얼굴만 봐도
무엇을 말하는지 아는데

같이 있어 좋은 것
그게 가족 아닌가

2.
모처럼
집에
몇 안 되는 가족
모여 있다
같이 밥 먹고

같이 텔레비전 보고
집안을 서성이다
잠시 스쳐도 좋다

별 말 없어도
같이 있어 좋은 것
그게 가족 아닌가

기적

기적이 대단한 일이긴 해
죽었다가 살아나고
눈 먼 자가 눈 뜨고
물 위를 걷고
이런 일이 어찌 기적이 아니겠어
분명 우리가 할 수 있는 일이 아니잖아

그런데 사실 우리 모두 날마다
기적을 행하며 살고 있지 않나
생각해 봐
광활한 우주에서 티끌 같이 작은 이 땅에
생명체로 산다는 것
그것이 기적이잖아
그러고 보면 미물도 하찮은 것이 없지
다 기적이고 경이잖아
생명의 외경이 괜히 나오는 것이 아냐

이러한 기적 같은 존재인 우리가
그리고 매일매일 기적을 행하며

살고 있는 우리가
요즘 좀 심난하다고
일이 뜻대로 안 된다고
울적하고 풀죽어 있어야 되겠어

누구나 어려울 때가 있지만
견디고 헤쳐 나가다 보면
어딘가 살만한 구석은 있잖아
기적 같은 생명이 이어져
오늘에 이르고 역사가 되는 것은
모진 풍파 다 이겨 낸 생명력이잖아

생명체로 산다는 것이 기적인데
어렵다고 심난하다고 우울하다고
기죽지 말자
언젠가 그런 때도 있었지 하며 살게 될 테니
기적 그 자체인 우리가 약해 빠지면 되겠어
하루하루 삶이 기적인데
너무 기죽지 말고 힘내자고

작은 몸짓

바람에 흩날리는
흙먼지도
한 때
거대한 바위였어요

지금
그대에게 건네는
나의 작은 몸짓도
나의 작은 언어도

한 때
그대 생각으로
온 날을
가슴앓이 했던
나의 전부입니다

작은 금붕어

우리 집
작은 금붕어
플라스틱 작은 어항서
몇 달을 살았지

출장 갔을 땐
며칠을 굶기도 했지

며칠 전
세일한다기에
큰 맘 먹고
예쁜 커다란 수족관을 샀지
미안한 맘 덜어내는 맘으로

오늘 저녁 돌아와 보니
작은 금붕어 보이지 않았지
수족관 사면서 덤으로
큰 금붕어 하나 주기에
좋아라 했지

그 놈에게 잡혀 먹혔는지
이곳저곳 찾아 봐도
보이지 않았지

가슴이 아팠지
눈물이 나왔지
한동안
아무 것도 할 수 없었지
꼭 내 모습
같아서였지

양식

뭐든지
익어야
양식이 되더군요

누런 벼 이삭도
빨간 사과도
주름진 얼굴도

때가 되어
익어야
양식이 되더군요

활짝 웃을 수 있는 것

환히 웃는 그녀에게
어찌 아픔이 없었겠는가

환히 웃고 있는 그녀에게
어찌 상처가 없었겠는가

그러나
그 모든 어려움에도
활짝 웃을 수 있다는 것

이것보다
아름다운 것이 있을까

위로

진정한 위로는
말이 아니다

진정한 위로는
눈빛이며
음성이며
마음 씀이다

진정한 위로는
함께 바라보는 것이며
함께 있는 것이며
결국 하나가 되는 것이다

왜 사냐

도대체 왜 사는지
가끔은 물어야 하는 건 아닌가
도대체 왜 이 짓 하는지
때로는 물어야 하는 건 아닌가
도대체 내가 누구인지
내가 세상에
선인지 악인지
빛인지 어둠인지
소금인지 쓰레기인지
가끔은 짚어 봐야 하는 건 아닌가
아무리 바빠도
아무리 멍청해도
내가 왜 지금 여기 있는지
때로는 되짚어 봐야 하는 건 아닌가
사람이라면

설렘

난 그대가
참 낯설었으면
좋겠다

언제나
설레게 말이다

연

잊을 수 없는 것
굳이 잊으려 말자

잊지 못 할 것
애써 잊으려 말자

그저, 연이거니
하고 살자

잊어서는 안 되는
연이거니 하고 살자

인연

어려울 때
선뜻 나서 줄 사람 있으니
그건 마음이라

아플 때
같이 아파 해 줄 사람 있으니
그건 사랑이라

죽을 때
서럽게 울어 줄 사람 있으니
그건 가슴이라

이런 사람 없다면
헛산 것이오

이런 인연 없으면
어찌 눈을 감으리오

할 일 없어

아침이 두려운 것은
할 일이 없기 때문이요
저녁이 무거운 것은
한 일 없이 하루를 보낸 까닭이다

하루 종일
비 내려도 좋고
몇날 며칠
비 내려도 좋은 것은
할 일 없이 맞이해야 하는
눈부신 아침 햇살과
한 일 없이 지낸 하루 끝
반짝이는 별빛을
안 봐도 되기 때문이다

가난한 마을

가난한 마을에는
공터가 많아
시원한 바람 쉬어 가네

가난한 마을에는
빈터가 많아
맑은 햇살 내려앉네

가난한 마을에는
집들이 작아
밤하늘 별들이 총총하네

가난한 마을에는
인적 드물어
온갖 풀벌레 몰려오네

꿈을 꾸고 있는 것 같아

아, 난 지금 꿈을 꾸고 있는 것 같아
엊그제 눈을 맞추고 다정스레 내 이름 불러 주던
한 생명이 한순간 하얀 재가 되었다는 것이

아, 난 지금 무언가 홀린 것 같아
손 뻗으면 닿을 것 같은 한 생명이
갑자기 영면의 세계로 가 버렸다는 것이

아, 난 지금 혼란스러워
존재의 가벼움이여
한여름 뜬구름 같은 존재여
산 것과 죽은 것의 경계를 넘은 존재여
한여름 강렬한 태양 빛에 사라진 존재여

아, 난 정말 마른 꿈을 꾸고 있는 것 같아
한여름 밤 보내기 싫은 사람을 보내는
꿈을 꾸고 있는 것 같아

제2부

시간

시간 1

찰나를 뚫고
영겁을 걸어온 시간이여
우주의 시작이며
미지의 끝인 시간이여
그 무한한 시간을
누가 나에게 보내는가

참새들은 시간을 쪼아 대고
생쥐들은 시간을 갉아먹고
인간들은 시간 좀 더 달라고
아우성인데
그 무심한 시간을
누가 나에게 보내는가

아직도 주변은
이렇게 깜깜하고 고요한데
꿈결에서조차
나를 몰아세우는 시간이여
새 아침을 여는

이 세찬 시간은
누가 몰고 오는가

아, 존재의 시간이여
시간의 존재여
한시도 나를 내버려 두지 않는
시간이여
그래서 나의 역사여
나의 운명이여

어둠을 뚫고
빛의 맨 선봉에 서서
무한을 향해 가는
시간이여
그 신성한 시간을
누가 나에게 보내는가

시간 2

창가 시계는 2시 10분
책상 시계는 4시 17분
어쨌거나 가고 있다

벽시계는 10시 14분
캐비닛 시계는 7시 7분
고요히 멈추어 있다

컴퓨터 인터넷 시계는
2시 23분

우연히 내 방 시간을 보니
이것저것 가관도 아니다

인간 세상
아니랄까 봐

강냉이

거친 땅에
거친 삶 심고

뙤약볕에
알알이 영글어

들판에 선
강냉이

너무 바빠

아이들은
하루 종일 공부하랴
바쁘다

어른들은
하루 종일 일하랴
바쁘다

노인들은
하루 종일 병원 가랴
바쁘다

그러니까
아이들은
부모 등살에 바쁘고

어른들은
살려고 바쁘고
노인들은

죽지 않으려 바쁘다

그러니까
우리는 살아남으려
평생 바쁘다

생존은 쉼 없이
달려야 하는 운명이고
행복은 짧은 여름
소나기 같은 덤이다

대박

지난주에
눈길에 머리 터지고

이번 주에
배 아프더니
맹장 터졌다

다음 주엔
대박 터지겠지

오월의 신록

오월의 신록이
눈에 들어온다고

너무 가슴 벅차
발길이 멈춘다고

나이 들었다는 거지

우리 모두 한 때
오월의 신록이었으니

멀어질수록
그리운 것 아니겠나

일묵정사

비둘기 머리 닮은
구수리에는
장군봉 음기 충만한
일묵정사가 있다
오월의 일묵정사는
신록으로 물들고
토방 가 철쭉은
혼자 붉게 탄다
송홧가루 산바람에
은은히 날리고
진달래는 수줍어
저만치 숨어 있다
까마귀 날개 펴고
낮은 하늘 날아도
토종닭은 기죽지 않는다
장군봉 오르는 얕은 계곡
중고기 잡는 어르신
졸음에 겨울 때면
산 그림자 납작 엎드린다

어둠에 묻힌 구수리엔
별들이 내려오고
아무렇게나 내던진 모닥불은
긴 밤 우리들의 이야기를
타박타박 태운다
정사 주인장은 먼저 취하고
객들은 저마다 즐겁다
이른 아침 구수리엔
처녀 속살 같은 햇살이
산마루에 걸치고
산하는 금세 다시 푸르다
객이나 주인이나
가야 할 길 잊은 채
너도 나도 푸르다
구수리에는
하모닉스 소리 나는
일묵정사가 있고
그곳에서는
우리도 풍경이 된다

그대

한눈판 사이
꽃피더니

어느 사이
지더이다

꽃피고
지는 것이
자연의 순리건만

어찌
그대는
내 안에
질 줄 모르오

봄비 1

이른 아침부터
얼굴 스치는
이 비는
사랑으로 울었던
당신의 눈물인가요

이른 아침부터
찬찬히 나를 적시는
이 비는
희생으로 흘린
당신의 땀방울인가요

앞산 넘고 개울 건너
얼굴에 차분히 내려앉는
이 비는
차마 전해지 못했던
당신의 속삭임인가요

봄바람에 날려

이른 아침부터
눈에 들어오는
이 비는
나의 슬픔 다독이는
당신의 사랑인가요

봄비 2

숨죽이던 사랑
색채 드러내듯
꽃망울 터진
봄날

참았던 눈물
쏟아내듯
한참
봄비 내리더니

눈길 주면
팍 터질 것 같은

눈길 떼면
팍 주저앉을 것 같은
빗방울

갓 핀 꽃잎에
매달려 있다
이별이 서러운 듯

봄소식 1

그대 생각
흘러넘칠 때
그리움은
벌써 저만치
앞서 갑니다

잘 있는 거죠
옷깃을 여밀 때마다
묻어 나오는
그대 생각

그대 나만큼
내 생각하고 있는 거죠
발길을 옮길 때마다
흩뿌려지는
그대 생각

올봄엔
아지랑이 피기도 전에

그리움이
먼저 알고
달려갑니다

봄소식 2

산 어귀 노란 복수초 피더니
오늘은 마당에 이름 모를
보라색 꽃이 올라 왔습니다

뒷산엔 매화가 불그스레
자태를 보이기 시작하니
내 마음은 온통
노란 빨간 보랏빛으로 물들어
어찌 할 바를 모르겠습니다

그냥 이대로 촉촉한
수채화 되어
나도 햇살에 반짝이렵니다
나도 별빛에 빛나렵니다
나도 세상을 물들이렵니다

참나리

점박이 진한 참나리
화들짝 피어
속속들이 다 보여주네

딱 벌어진 여섯 잎
붉은 참나리
진한 암술 환히 드러내고
하늘 아래 거칠 게 없네

우리네 속마음
그리 보여주면
속없다 할 텐데

점박이 주홍 참나리
변치 않는 순결로
활짝 피어
땅 위에 거칠 게 없네

꽃

꽃이 누구 눈치 보고
피었겠는가
꽃이 누구 보라고
피었겠는가
꽃이 자랑하려고
피었겠는가

스스로 꽃이 되고
드러내지 않아도
아름다운 것이 꽃이다

어디에 있든
스스로 아름다운 것이 꽃이다

요란한 세상
조용히 있어도
아름답기만 한 것이 꽃이다

시간을 멈춰 주세요

오, 태양신인 아폴론이여
시간을 멈춰 주세요

이른 아침부터 짝을 부르는
매미 소리가 들리지 않나요
수 년 땅속을 헤매다
겨우 며칠 살려고 세상에 나와
짝짓기마저 못하고 사라진다면
그 얼마나 처절한가요
그들의 짧은 사랑을 위해
시간을 멈춰 주세요

오, 태양신인 헬리오스여
쏜살같이 달려가는
그대의 태양마차를 멈춰 주세요

하루밖에 못사는 하루살이에게도
한철밖에 못사는 잠자리에게도
짝을 만나 사랑을 나눌 수 있도록

좀 더 시간을 주세요

이 밤이 지나가면
헤어져야 할 사람들을 위해
오, 밤의 여신 셀레네여
그대 좀 더 오래
그들 곁에 머물러 주세요
오, 아침을 몰고 오는 에오스여
그들을 위해
좀 더 눈을 감아 주세요

어쩌지도 못하는

한 여름이 가고
한 사람이 가고

그렇게
한 사랑이 간다

어쩌지도
못하는

낡은 환자

낡은 것을
버리지 못하는 것이
병이라고 하던데
그렇다면
나는 환자다

해진 옷 버리지 못해
누렇게 변해 있고
구멍 난 신발 버리지 못해
먼지 쌓이고
옛날 보던 책
방구석에 가득 차 있으니
낡은 것 버리지 못하는
나는 분명 환자다

그렇다고
병원에 간적도 없고
갈 생각도 없다
시간이 지나면

낡지 않는 것이 뭐가 있으리

낡았다고 버린다면
낡은 친구도 버리고
낡은 사랑도 버려야 하는 것 아닌가

나는 그럴 수 없으니
차라리
환자로 있으리
낡은 환자로 있으리

치료할 수 없는
낡은 환자로 남아
낡은 사랑 곁에
오래도록 머무르리

한 돌

돌 하나면 돼
이 넓은 땅에
숨죽이며
새싹 돋아
풍요 일궜으니

당찬 돌 하나면 돼
긴 시간
움튼 새벽을 열어
이 넓은 땅에
푸른 힘 불어넣었으니

당찬 돌 하나면 돼
인류의 시작이
그리하였으니
그 역사
그 인고의 힘
모든 땅에 깃들어
한겨울

우리 숨
한 숨 두 숨
뿜어내는
당찬 톨이어라

흙먼지

흙먼지 바람에 인다
무슨 말을 하려는지
흙먼지 하늘을 난다

흙먼지 사방에서 인다
무슨 말을 하려는가
흙먼지 힘차게 인다

혹시
이 땅을 떠나려 일어나는가
언젠가 우주를 떠돌다
이 땅에 내려앉았듯이
혹시
새 생명 잉태하여
둥지 찾아 일어나는가

일어라
그렇다면
세차게 일어나라

생명의 시작이고
우주의 태동이니

그렇다면
힘차게 솟아라
맘껏 날아라
흙먼지여

또 다른 생명을 위해
또 다른 시작을 향해
또 다른 우주를 향해

거침없이 날아라
흙먼지여

게으른 농부

한 마지기
황금빛 논
가을 햇살에
반짝이다

마른 가을 들판
혼자
황홀거리다

옆 산마루
긴 그림자
내려앉을 때까지
가던 길 멈추고
고마워했다

게으른 농부님
앞으로도
쭉 게을러주세요

젊음아

기억에도 없는
사진 속에
젊은 내가
서 있다

젊음아
넌 거기서
영원하여라

고사목

죽은 나무도
높은 산에 있으니
풍경이 됩니다

죽어서도
쓰러지지 않고
우뚝 버티고 서 있으니
아름다움이 됩니다

죽어도
죽은 것이 아닙니다

산 아래
살아도 사는 것이
아닌 자들은 어쩌라고

하얀 구름 속
새까맣게 윗동 보이는
고사목은

당당하기만 합니다

나무 잎 하나 없으면서도
가지가 찢겨 나갔어도
어쩌자고
저리 당당할 수 있는지

살아도 산 것이
아닌 것들은 어쩌라고

고사목은
죽어도
죽은 것이 아닙니다

소수서원

오백 년 은행나무 아래 앉아
성현의 글 떠올리니
학구제에서 호연지기 키웠던
원생들이 살아나네

강산이 변했어도 수백 번 이건만
백운동 흐르는 물줄기 변함없어
또랑또랑 원생의 글 읽는 소리
좁다란 계곡 따라 들려오네

무량수전

세지 마라
세어 무엇 하랴
영겁 앞에
무엇을 세려는가

수백 년 버틴
무량수전 기둥
노랗게 퇴색했어도
아름다움은 여전한데

세지 마라
가둬 놓지도 마라

무량수전 기둥
수백 년
쩍쩍 벌어져도
아름다움은 여전한데

세지 마라

세어 무엇 하랴
영겁 앞에
무엇을 세려는가

우체통

느리게 걷자고
들어선 길

한여름 땡볕에
바싹
타들어 가는 그리움
하나 둘
조심스레 넣었더니

빨간 우체통
붉게 탄다

내 맘
다 타 버릴 때까지

제3부

길

어머니

자식 입대하는 날
눈물이 입을 막아

떠나는 아들
먼발치에서 바라보며

막둥이 등에 업고
말없이 돌아오던 길

무거운 발걸음
마지못해
돌아섰을 길

이제
내가 그 길을 간다
어머니

아들

1.
공부하러
먼길 떠나는 아들

밤새
뒤척이는 소리

나도 함께
뒤척이는 밤

2.
공항버스
멀어질 때까지

가로수처럼
서 있던 거리

3.
아들 방이

텅 비다

집안이
텅 비다

세상이
텅 비다

4.
나 신으라고
아들이 놓고 간 신발
신고

나 입으라고
아들이 놓고 간 옷
입고

아들이 된다

길 1

길은 길일 뿐
내 발길이 무거울 뿐이지

길은 길일 뿐
내 발길이 감감할 뿐이지

가다 보면
못 갈 길 어디 있겠는가

누구나
길 위에 서고
거기에
정붙이고 사는 것이지
처음에는
다 낯설고 두려운 길 아니겠는가

길은 길일 뿐
내 맘이 아득할 뿐
가다 보면
못 갈 길 어디 있겠는가

길 2

책 속에
길이 있다는데

새 책에는 새 길 있고
헌책에는 헌 길 있는가

빛바랜 책에는
빛바랜 길 있고
오래된 책에는
오래된 길 있는가

퀴퀴하게 썩고 있는 책에는
썩어 문드러진 길 있는가

새 책이든
오래된 책이든
빛바랜 책이든
썩고 있는 책이든
뒤적이고 뒤적여도

길이 보이지 않아
에라, 책 내던지고
길 위에 선다

가벼워야

노랑나비
지뢰밭
사뿐히 건넙니다

소금쟁이
방죽
거뜬히 걷습니다

가벼워야
건넙니다

길고 험한 길
가벼워야
건넙니다

별의 딸

별이
총총한 밤에는
강에 나가라

강가를 거닐며
별의 딸이
강물에 반짝이는
그 순수를 보아라

별의 딸이
강둑에 내려앉아
반짝이는
그 맑음을 보아라

별이
초롱한 밤에는
강물에 비치는
그녀의 순결을 보아라
영혼이

맑아질 때까지

강물에 반짝이는
그녀의 순수를 보아라

달빛

오늘 밤은
달빛이
예사롭지 않습니다

달빛 따라
몇 걸음이라도
옮기지 않으면
백옥 같은 달에 대한
예의가 아닌 듯합니다

어쩌자고
달 속
그 사람 모습도
보입니다

그리운 것들

그리운 것들은
항상 멀리 있다

그래서
더욱 그립다

기다림

당산나무 가지가
왜 옆으로 퍼져 나가는지
동구 밖으로
늙은 어머니 손가락 같은 가지
왜 애써 뻗어 가는지
그 새까만 가지
온갖 풍상에 살아남아
바람에 흔들리는지

그리워서야
보고 싶어서야
동구 밖에서 오는 누군가
기다리고 기다려서야

고목이 되면
고독한 가지가
기다림이 되는 거야

당산나무처럼

마을의 역사가 되어도
기다림은 끝이 없는 거야

살아 보니
기다림은
가장 끈질긴
생명력이었던 거야

돌아보니
기다림은
애초에 가장 숭고한
생명력이었던 거야

추석 1

죽은 자가
산 자 불러 모아

잠시
노닐다가
부랴부랴
제 갈길 가는
한나절

성큼
가을이 온다

추석 2

연어처럼
꼬리에 꼬리 물고
달려 온 고향
참 좋다

밤낮 안 가리고
성어되어
돌아 온 고향
참 좋다

별빛은
수억 년 내달려도
돌아가지 못하는

고향집에
내가 왔다

노을

선홍색 노을
서쪽 하늘 깔릴 때
무엇을 주저하랴
그냥
노을 따라나서자

서쪽 하늘
붉게 물들이는 노을
그게 어찌 하늘만
물들이겠는가

오월의 새털구름도
노을을 좇고
널찍한 평야도
긴 노을 감싸는데
무엇을 주저하랴
노을 따라 한참 가 보자

툭 트인 만경 평야

거칠 것 없는 긴 노을
잔잔히 내려앉으면
그냥 발길 멈춰도 좋다

선홍빛 얇은 노을 걸치고
걷고 싶으면 걷고
멈추고 싶으면 멈추면 된다

무엇을 망설이랴
이렇게 아름다운 노을 앞에 두고
눈감을 만큼
이렇게 곱디고운 노을 곁에 두고
외면할 만큼
그렇게 당신은 강심장인가

무엇을 주저하랴
저 노을 바다에 빠질 때까지
노을 따라 가 보자

흰 눈

세상 돌고 돌아
마침내
내 머리에
내려앉는 흰 눈

당신을 만난 것처럼
무한한 공간에
딱 한 지점
무한한 시간에
딱 한 시점

거기
그 사연 많은
흰 눈을
만납니다
운명처럼

아우슈비츠

음악이 사치일 때가 있다
음악이 소음일 때가 있다
아우슈비츠에서는

먹는다는 것이 미안할 때가 있다
멀쩡히 두 발로 걷는 것도
감추고 싶을 때가 있다
아우슈비츠에서는

눈뜨고
숨쉬고
소리지르고
바람맞고
파란 하늘 가로질러
햇살 한 움큼 잡아 보는 것이
가슴 저리게 미안할 때가 있다
아우슈비츠에서는

오늘
그해 겨울처럼
눈 내리는 날

그들이 벗어 놓고
다시는 쓰지 못한
수많은 철제 안경
다시는 신지 못한
수많은 신발 사이로
휑한 바람이 분다

오늘
그해 겨울처럼
몹시 추운 날

고통으로 오르내렸을
깊게 패인 콘크리트 계단에서
그들의 무거운 발걸음을 만난다

가스실을 지나
소각로를 지나

흐르는 눈물마저

보여선 안 되는 때가 있다
여기
아우슈비츠에서는

아무 것도 아니기

휴일
다들 분주하다
이곳저곳 움직이며
부산하다

그러나
나는 이 자리에
있기로 했다

이 자리에서
아무 것도 안 하기로 했다

그래서
아무 것도 안 되기로 했다

휴일 내내
아무 것도 아니기로 했다

풀

풀을 누가 이기랴
콘크리트 틈새에도 풀이 나고
아스팔트 구멍에도 풀이 나고
어디에서 날아왔는지
사막 한가운데에도 풀이 난다

인적 드문 길은
금세 풀로 덮이고
폐가의 주인은
거미줄이 아니라 풀이다

그 강인한 잔디마저 뒤엎고
그 추운 겨울도 이겨내며
뽑으면 또 나고
치면 또 자라는
악바리 풀을 누가 이기랴

다른 것 다 죽어 나자빠져도
마지막까지 살아남아

푸르른 고개
하늘로 치켜세우는 풀을
감히 누가 이기랴

땅이 그리워

하루 종일 땅 한 번 밟지 않고
딱딱한 콘크리트 위에서
뜨거운 아스팔트 위에서
헉헉거리며 한여름 나야 하는 것이
어디 우리뿐이랴

동네방네 시멘트 길 만들고
이곳저곳 아스팔트 길 만들어
땅기운 막아 놓고
땅의 정령 숨죽이게 만들었으니
도대체 생명의 땅이 어디 있으랴

칠 년을 어두운 땅 속에서 견디다
겨우 여름 한나절
목청껏 소리지르다 가고 싶어
땅 속에서 나오는 매미에게
열려 있는 땅이 어디 있는가

빗물 고이고 빗물 스며들어

지렁이가 질퍽하게 꿈틀대고
기어다니는
생명의 땅이 어디 있는가

이름 없는 잡초가
제멋대로 세상 향해 뻗치는
뜨거운 땅이 어디 있는가

낮에는 산들바람
밤에는 강바람 불어
흙냄새 몰고 오는
붉은 땅이 어디 있는가

가죽신발 벗어 던지고
찌릿찌릿 땅기운 교감하는
온갖 생명이 꿈틀대며
뜨겁게 살아 숨쉬는 땅이
도대체 어디 있는가

절박하니까

부족하니까
보입니다

모자라니까
보입니다

보통 때에는
보이지 않습니다

코앞에 있어도
바로 곁에 있어도
보이지 않습니다

무엇보다도
절박하니까
보입니다

배고프니까
식당이 보이고

먹을 것이 보입니다
골목에 숨어 있어도
외딴곳에 있어도
끝내 보입니다

아프니까
병원이 보입니다
따닥따닥 붙어 있는 간판 사이로
병원이 훤히 보입니다

막차를 기다리면
멀리 있어도
다가오는 소리 들립니다
어머니가 집에 오는 소리처럼
가슴 울리며 들립니다

폐차

피멍 같은 녹이
속살을 까발리니
이젠 비오는 날이
세차하는 날이로다

엔진 소리
연발총 소리처럼 요란하니
분비는 좁은 길에도
빵빵거릴 필요 없다

십오 년을 굴렀으니
지칠 만도 하건만
부품 몇 개 갈아주니
성난 짐승 마냥
힘껏 내 질러
아뿔싸, 끝내
고속도로에 멈추어 서다

이것저것 손보자니

이제 보내 주란다

퀘퀘한 먼지더미 속
버리지 못할
너와 함께 한 많은 시간
너와 함께 간 많은 거리
너와 함께 한 수많은 이야기
하나하나 챙기니
나는 무거워지고
너는 가벼워지는구나

그래, 잘 가라
때가 되면 가야 하는 길
그래, 울지 말자
가야 하는 길 가는 것

그동안 고마웠다
안녕

친구

도움이 필요하면
찾아오고
어려운 일 있으면
날 밟고 지나가게

누군가
날 찾고
내가 필요하다면
그 아니 즐거운가

새털 같이 많은 날
하루라도
보람되게
살아 보세나

경계

비탈길에 서면
넘어지는 게 아니다

절벽에 서면
떨어지는 게 아니다

경계에 서면
길이 보이기 때문이다

| 발문 |

소박한, 그러나 진정한 깨침에서 오는 숙연함

호병탁 (시인 · 문학평론가)

1.

우리에게 '숙연해질 것'을 촉구하는 교훈 같은 작품으로 시집은 문을 열고 있다.

길 건너
슬픈 자들이
그늘 안에 있으니
우리 숙연해지자

벽 하나 사이 두고
아픈 자들이
시름하고 있으니

우리 조금은 숙연해지자

눈에 띄지 않는다고
슬픔이 없는 게 아니니
보이지 않는다고
아픔이 없는 게 아니니

길 건너 저편에 갈 때
벽 하나 넘어 갈 때
우리 조금은 숙연해지자
소리 없이 울고 있는
저 많은 사람을 보라
아파서 어찌할 줄 모르는
저들을 보라

벽 하나 사이로
길 하나 사이로
아픔 있고

기억 저 편에도
얼마든지 끄집어 낼
슬픔 있으니

길 건너 저편에 갈 때
벽 하나 넘어 갈 때
우리 조금은 숙연해지자

—「우리 조금은 숙연해지자」 전문

아무래도 '즐거움을 주는 글'과 대척점에 위치하는 말이 '가르침을 주는 글'이 될 것이다. 물론 이때의 '가르침'은 일반적인 '도덕적 교훈'을 말한다. 그런데 시인은 은근히 손을 끄는 함의의 말 하나 없이 다짜고짜 "우리 숙연해지자"고 직설적 어법으로 우리를 가르치려 든다. 그러면 재미가 없게 된다. 즐거움 대신에 가르침을 받아야하는 독자는 무의식중에 심리적 거부반응이 일어나기 때문이다.

시집에는 얼핏 보아도 잠언이나 경구와도 같은 시편이 수두룩하다. 당장 다음에 볼 시에서도 "나무처럼 살자"고 우리를 일깨우고 있다. '숙연해지자'나 '나무처럼 살자'라는 말은 소위 '바르게 살자'와 같이 즐거움은커녕 재미 하나 없고 무감동하기만 한 구호와 맥락을 같이하는 교훈적 발화가 아닌가. 과연 그러한가. 일견 잠언이나 경구로 보이는 이 시의 미학적 근거를 밝혀내는 것은 매우 중요한 일로 판단된다. 이번 시집에 담긴 유사한 작품의 독서에도 큰 영향을 미칠 것이기 때문이다. 그럼 '서시'에

해당하는 이 작품을 시인 말대로 '조금은 숙연한 자세'로 자세히 읽어보자.

한마디로 안정근의 많은 시편들이 비록 교훈적 사실의 직설적 발화임에도 불구하고 독자의 저항을 유발하는 일이 없이 시에 몰두케 하는 묘한 마력이 있다. 그것은 어디에서 기인하는 것인가.

시인은 첫째 연에서부터 우리가 숙연해야 할 이유를 들고 있다. 그 이유를 밝히는 짧은 세 행에는 "길 건너"라는 장소와, "슬픈 자들"이라는 주체와, "그늘 안"이라는 어휘들이 각 행으로 나뉘어 더할 것도 버릴 것도 없이 꼭 있을 자리에 안착하고 있다. 둘째 연도 마찬가지다. "벽 하나 사이"에는 또한 "아픈 자들"이 근심과 걱정으로 "시름"을 놓지 못하고 있다. 결코 먼데 있는 것이 아니다. 바로 '길 건너' 또는 '벽 하나 사이'에는 신산한 삶의 '그늘 안'에서 슬퍼하고 아파하는 사람들이 있으니 우리가 "조금은 숙연해지자"는 말이다.

여기까지 읽던 독자는 이 시가 교훈을 담고 있음에도 불구하고 '바르게 살자' 식의 말 같지도 않은 교훈과는 천양지차가 있음을 직감하게 된다. 독자를 흡입하는 것은 '숙연하자'는 권면에서 오는 것이 아니다. 그것은 바로 옆에서 울고 아파하는 가난한 이웃들에 대한 짙은 연민과 동정에서 오는 것이다.

동정과 연민은 대상과 정서적 교감을 통하여 '공감sympathy' 함으로 발생한다. 시인은 그 딱한 이웃들에게 공감하고 '감정이입empathy' 을 통하여 마치 자신이 그들인 것처럼 함께 아파하고 슬퍼하고 있는 것이다. 또한 독자들도 시인의 느낌을 공감하고 같은 연민과 동정을 갖게 된다. 만약 이런 인간의 따뜻한 측은지심이 없었더라면 이 작품은 정말 따분한 설교에 그치고 말았을 것이다.

시인은 이어 당장 "눈에 띄지 않는다고" 혹은 "보이지 않는다고" 슬픔이나 아픔이 없는 게 아니라고 강조하고 있다. 그리고 "소리 없이 울고 있는", "아파서 어찌할 줄 모르는" 사람들을 보며 우리의 "기억 저 편에도" 그들과 같은 슬픔이, "얼마든지 끄집어 낼" 슬픔이 존재하고 있음을 상기시키고 있다. 어느 누구도 슬프고 아픈 경험이 없는 사람은 없지 않은가. 그렇기 때문이라도 우리는 조금은 숙연해져야 하는 것 아닌가. 이제 시인의 주장과 그 이유는 타당성을 확보한다.

시인이 자신의 작품에 우리를 몰두케 하는 중요한 또 다른 이유가 있다. 시에는 시 고유의 충족시켜주어야할 언어조직과 형태적 요건이 있고 이런 요건이 충족될 때야 비로소 심미적 즐거움도 산출되고 나아가 설교와 교훈에 대해서도 또한 거론할 수 있을 것이다. 시인은 이점을 잘 꿰뚫어 보고 있는 것 같다.

시의 언어와 관련해서 우리가 갖는 흔한 오해와는 달리 시는 일상의 언어를 독특한 방식으로 부릴 뿐이지 지나치게 작위적이나 부자연하게 사용하지는 않는다. 시가 겨냥하는 것은 어휘 그 자체라기보다 어휘의 사용방식이다. 시인은 최소한의 재료로 최대한의 효과를 얻으려는 경제원칙에 힘을 쏟는다. 따라서 '함축'을 통해 한 언어에 더 많은 의미를 담고 전압을 높여 전달하려는 것이 시인이 언어를 사용하는 방식이다.

보는 것처럼 위 시에 나타나는 어휘들은 우리가 흔히 일상에서 대하는 평범한 것들이다. 슬픈 자들이 '그늘 안'에 있다할 때 '그늘'을 이해 못할 사람은 없다. 그러나 빛이 가려 어두운 '그늘'에는 그 사전적 뜻을 뛰어넘는 '고단하고 힘든 삶'이라는 암시적 의미가 있다. 그래서 그들은 슬퍼하고 아파하는 것이고 그들의 얼굴에는 바로 그 '그늘'이 서리는 게 아닌가.

'길 건너' 또는 '벽 사이'란 말도 이해에 아무 지장이 없는 언어다. 그리고 매우 '가까운 거리'를 말하는 것이지만 '길'과 '벽'은 지시어를 넘어서는 함축어로서 또 다른 의미를 내포한다. 즉 사람들을 가로막는 '경계境界의 담'을 뜻하게도 되는 것이다. 지척에 있지만 이웃의 아픔과 슬픔이 '보이지' 않고 '들리지' 않게 만드는 것이 바로 이런 '경계의 담'이 아니고 또 무엇이겠는가.

"기억 저 편"은 감각적 인지로 '저장'되어 있는 과거의 경험을 말하는 것이 될 것이다. 이 '저장기억'은 불러올 때, 즉 "끄집어 낼" 때 재감각화 되고 현재화 되는 '회상기억'이 된다. 이는 재생의 수동적 성찰뿐 아니라 새로운 지각의 생산적 행위다. 잠재적 능력과 유기적 실체로서의 '기억'은 내용을 인출하는 '회상'의 적극적인 활동적 과정을 통해 "얼마든지 끄집어 낼" 수 있는 것이 된다. 시인은 이 구절에서 '기억 저편'에 존재하는 우리자신의 슬픔을 환기하며 이웃 슬픔에 대한 우리의 적극적인 공감을 암시적으로 촉구하고 있는 것이다. 이처럼 간결하게만 보이는 위의 시에서도 시인은 경제적이고 효율적인 함축언어의 사용을 통해 의미의 확장과 심미적 효과를 제고시키고 있다.

시는 '소리와 의미의 유기적 결합'이란 말이 있다. 따라서 소리 혹은 음악성은 시를 규정하는 가장 중요한 요소의 하나이다. 파도가 밀려왔다 밀려가고, 달이 차면 기울고, 사계절이 순환하는 것이 리듬이다. 우리 몸의 허파가 끊임없이 숨을 내 쉬고 들이 마시고, 혈관이 심장박동에 따라 수축하고 이완하는 것 또한 리듬이다. 시의 리듬에도 우리는 즐겁게 반응한다. 시의 리듬 역시 바로 자연현상과 우리 몸의 리듬에 뿌리를 두고 있기 때문이다. 따라서 시인이 리듬을 살리기 위해 각별히 신경을 쓰는 것은 당연한 일이다.

위의 시에서는 "숙연해지자"라는 똑 같은 종지형이 네 번 반복되며 작품 전체에 음악적 효과를 주고 있다. 그러나 이 반복은 약간의 변이가 있다. 같은 위치에서 동일한 반복이 계속되면 자칫 지루하고 단조로울 수 있다. 그렇다고 해서 변화가 지나치면 혼란이 야기된다. 적절하게 반복과 변이가 조화를 이룰 때 우리는 즐거움을 느끼게 된다.

이 동일한 종지형은 각 연의 마지막에 위치하지만 세 번째의 것은 연의 중간에 위치하고 있다. 또한 첫째는 "우리 숙연해지자"로 종결되지만 나머지는 "우리 조금은 숙연해지자"라고 '조금은'이란 부사어를 삽입함으로 변화를 주고 있다.

종지형의 반복뿐만이 아니다. 각 연에서도 병치倂置를 통해 동일하거나 유사한 형태의 시행이나 이미지가 반복 · 병렬되고 있다. 1연의 '슬픈 자들'과 2연의 '아픈 자들', 또한 "그늘 안에 있으니"와 '시름하고 있으니'는 동일한 통사구조로 같은 이미지의 반복이다. 3연에서도 무엇 "않는다고" 무엇이 "없는 게 아니니"가 동일한 위치에서 반복·병치됨으로 등가의 의미를 갖게 된다. 4연의 "길 건너 저편에 갈 때"와 "벽 하나 넘어 갈 때"나, 5연의 "벽 하나 사이로"와 "길 하나 사이로"도 마찬가지다. 음절수까지 정확하게 일치한다. 어찌 보면 작품 전체의 연과 행들이 동일한 언어구조 속에 이리저리 서로 연결되어 의미망을 확장하는 동시에 화자의 주장을 강화하고 있는 것 같다. 시에서 음의 반복은 추론이나 논의 대신 강한 정서의 형성으로 독자를 일깨우고 작품에 몰두하게 한다. 그리하여 독자들은 병치되고 있는 의미에 대해 화자와 함께 공감하고 또한 고민하게 되는 것이다.

시 전체 행의 배치도 살펴볼 필요가 있다. 1연과 2연은 각각 4행씩으로 호흡은 고른 편이다. 그러나 2연에는 더 많은 시어들이 부가됨으로 시행은 약간 길어지고 상승하는 감정이 느껴진다. 3연도 4행이지만 시어들은 "눈에 띄지 않는다고", "보이지 않는다고"와 같이 격렬해지고 시행 또한 길어지는 동시에 호흡도 빨라지고 있다. 그런데 4연에서 시행은 갑자기 7행으로 늘어나고 이에 따라 호흡은 이 시에서 최대한 고조되며 긴장된다. 시어도 "소리 없이 울고 있는 저 많은 사람", "아파서 어찌할 줄 모르는 저들"로 고양된 정서가 표출되고 있고, 그들을 "보라"라는 명령형의 발화가 연거푸 반복됨으로 한껏 고조된 감정이 드러나고 있다. 그러나 5연에서부터 시행은 1 · 2연의 의미가 압축되며 3행으로 다시 감속되고 고른 호흡으로 되돌아온다. 이처럼 특별한 시행 배치는 단지 시청각적 차원을 넘어 나름대로의 의미를 생성하며 화자가 제시하는 의미를 더욱 효과적으로 드러내는 역할을 하고 있다.

2.

앞서 말 한대로 "나무처럼 살자"라고 첫 행부터 단도직입적으로 우리를 채근하고 있는 작품을 보자.

나무처럼 살자

살아서도
죽어서도
뭐 하나
나무랄 것 없는
나무처럼 살자

존경하는 인물

묻지나 말고
나무처럼
살자고 하자

때가 되면
꽃이 피고
그늘도 주고

때가 다 되면
모든 것 아낌없이 주고
우리 곁에 다가오는
뭐 하나
나무랄 데 없는
나무처럼
살자고 하자

—「나무처럼」 전문

쉘 실버스타인의 아름다운 동화 『아낌없이 주는 나무』가 연상되는 작품이다. 나무를 포함한 모든 녹색식물은 '아낌없이' 모든 것을 내준다. 녹색식물은 태양빛을 에너지로 해서 무기물인 이산화탄소와 물을 버무려 모든 생명이 먹고 사는 유기물을 만들어낸다. 녹색식물의 광합성이 없다면 지구는 모든 생명이 사라진 황량한 떠돌이별에 불과할 것이다. 숲의 나무는 수천억의 이파리에 물을 저장하는 저수지다. 세찬 바람도 막아준다. 그 결과 저수기능으로 홍수를 막아주고 방풍기능으로 기상조건을 완화시켜준다. 그것들은 "살아서도" 꽃을 피워주고, 그늘을 주고, 열매를 준다. "죽어서도" 가구를 주고, 집을 주고, 땔감까지 준다. 우리가 "존경하는 인물" 어느 누구도 이런 큰일은 할 수 없다. 따라서 우리는 "뭐 하나 나무랄 것 없는" 나무에게 고마움을 느끼며 "나무처럼" 살아야 한다.

시는 대체로 위와 같이 읽힌다. 화자는 아무런 보답도 바라지 않고 오직 '주기만 하는 나무'를 상찬하며 우리의 자연에 대한 따뜻한 이해와 바른 자세를 촉구하고 있는 것이다.

위 작품도 시인의 다른 모든 시편이 그러하듯 이해의 걸림돌이 될 만한 것은 하나도 없다. 조어造語 같은 난해한 어휘도, 비틀린 문법도 없다. '한줌의 부서진 이미지들'로 구성되지도 않았다. 그럼에도 앞서의 시처럼 충족시켜야할 언어조직과 형태적 요건은 모두 갖추고 있다. 시의 리듬, 언어의 반복·병치, 시행배치에 있어서도 마찬가지다.

그런데 이 시에서는 2연과 마지막 연의 '나무랄 것 없는 나무'와 '나무랄 데 없는 나무'라는 구절이 특별히 주목된다. '것'과 '데'라는 같은 뜻의 의존명사사만 다를 뿐 동일한 말의 반복이나 다름없다. 문맥상으로 이 말은 분명히 흠을 지적하여 말하는 '나무라다'라는 동사를 원형으로 해서 파생된 말이 될 것이다. 그렇다면 "나무랄 것 없는"에서의 '나무'와 "나무처럼 살자"에서의 '나무'는 동음일 뿐 의미상 아무런 관련이 없는 말인가. 작품 내에서의 언어 맥락은 무관한 두 어휘를 갑자기 보완적 관계로 융합시킨다. 시에서 중히 여기는 아이러니가 발생하기 시작하는 지점이다.

그런데 "나무랄 것 없는"은 '나무라고 할 것도 없는'의 줄임말이 되기도 한다. 이렇게 이해하면 문맥은 의미의 물꼬를 역방향으로 틀어버린다. 우리는 이 짧은 시의 행간을 다시 샅샅이 훑어본다. 화자가 지시하는 이 나무는 때가 되면 '꽃'이 피고 '그늘'을 준다. 어떤 나무나 마찬가지다. 이외에도 "모든 것"을 주는 것이 '과일'도 주는 것 같다. 이 나무는 정삼품 소나무나 용문사 은행나무처럼 크고 높은 나무는 아닌 것 같다. 아마 울안의 조그만 살구나무 정도로 보인다. 그래서 때가 되어 고사하면 화목으로 다시 "우리 곁에 다가오는" 것이 아닌가. 그렇다면 이 나무는 하늘 높이 자라는 공원의 플라타너스에 비교해 봐도 '나무라 할 것도 없는 나무'가 된다. 별 볼일 없는 그저 그런 나무라는 말이다. "존경하는 인물"이 새로운 의미로 다가온다. 인간은 부와 명예와 권력과 지식이 많은 사람을 '존경'한다. 누구나 자신이 그런 사람이 되고자 하는 욕망을 가지고 있다. '생즉욕生卽慾'이란 말처럼 산다는 것은 욕망충족을 위한 부단한 활동이다. 그러나 지나친 욕망과 집착은 사람을 불행과 파멸로 인도하는 지름길이기도 하다. 얼마나 많은 "존경하는 인물"이 쇠고랑을 차는가. 주위에서 흔히 보면서도 사람은 끊임없는 욕망에 시달린다.

"나무랄 것 없는 나무"를 다시 보자. 낙랑장송에는 어림도 없는 '나무 같지도 않은 나무'지만 꽃피우고, 그늘 드리우고, 열매까지 "모든 것 아낌없이 주고" 마침내 "우리 곁에 다가"오는, 존재의 소임을 완벽하게 수행하는 나무다. 웬만한 사람보다 낫다. 따라서 "나무랄 것 없는 나무처럼 살자"라는 새로운 의미에 우리는 고개를 끄덕거리게 된다.

세상 모든 것이 "자기 색깔 있고/ 자기 맛이 있고/ 자기 쓰임새가 있고/ 자기 때가 있"다. 그래서 "아름다운 세상"인 것이 아닌가(「저마다」). 자신의 능력과 분수에 맞게 살아야 저마다 쓸모가 있고 아름다운 것이 아닌가. "나무랄 것 없는 나무"는 이 시에서 독자의 접근을 강하게 유도하는 최대의 심미적 장치로 복무하고 있다. 또한 이제 볼 '선禪의 자장'이 강하게 느껴지는 대목이기도 하다.

3.

선에서는 일상에서 부단히 유동하는 보통사람의 마음, 즉 당하지심이 깨달음의 주체가 된다. 당장의 현실 속에 살아 움직이는 중생심이야 말로 만법의 주체가 된다는 것이다. 선의 실천 무대 또한 대장경 속에 있는 것도 아니요, 산골짜기의 선방에 있는 것도 아니다. 지금 살고 있는 세상바닥이 바로 그 무대다. 시인 역시 결코 밖으로부터 깨침을 구하려 하지 않는다. 외재적·형식적 수행으로부터의 깨침을 단호히 거부한다. 여기, 우리를 전적으로 동감하게 하는 소박한, 그러나 진정한 작은 깨침이 있다.

> 아프니까
> 꿈도 소박해집니다
>
> 그저
> 힘차게 기침도 하고
> 호탕하게 웃어 봤으면
> 좋겠습니다

인간이라면
누구나
깔깔대고
웃는 줄 알았습니다

뱃가죽이 아프니
소리 내어
웃는 것조차
꿈이 됩니다

—「아프니까」 전문

평소에는 누구나 크게 웃기도 하고 기침도 한다. 오줌이 마려우면 화장실로 달려가 싸면 그만이다. 그러나 맹장수술이라도 받고 누워있으면 이런 아무러치도 않은 일이 불가능해진다. 웃거나 기침이라도 할라치면 뱃구레가 터지는 것처럼 아프기 때문이다. 오줌보도 터질 것 같지만 찢어지는 아랫배의 아픔에 불쌍한 오줌은 나올 염두도 못 낸다. 현재 화자는 이 지경에 있다. 평소 그의 꿈이야 사회적으로나, 국가적으로나 물론 크다. 그러나 뱃가죽이 아픈 지금은 아니다.

당장 그의 희망은 "그저 힘차게 기침도 하고/ 호탕하게 웃어" 보는 것이다. "인간이라면/ 누구나/

깔깔대고/ 웃는 줄" 알았다. 그러나 지금은 그 별 것도 아닌 게 불가능하다. 그래서 "소리 내어/ 웃는 것조차/ 꿈이" 된다는 깨우침을 얻는다.

어찌 보면 너무나 당연한 일인지라 실소까지 나올 지경이다. 그러나 보통사람의 마음이 '만법의 주체'가 되고, 보통사람의 일상에서 '깨침'이 온다는 평범하지만 엄숙한 이치 앞에 '숙연해짐'을 또한 어쩔 수 없다.

가난한 마을에는
공터가 많아
시원한 바람 쉬어 가네

가난한 마을에는
빈터가 많아
맑은 햇살 내려앉네

가난한 마을에는
집들이 작아
밤하늘 별들이 총총하네

가난한 마을에는
인적 드물어

온갖 풀벌레 몰려오네

—「가난한 마을」 전문

가난한 마을에는 집들이 작고, 빈터가 많고, 인적도 드물게 마련이다. 그러나 대신 "시원한 바람이 쉬어" 가고 "맑은 햇살이 내려"앉는다. 어디 그뿐인가. 밤이 되면 '총총한 별들'이 하늘에 가득하고 '온갖 풀벌레'의 노래 소리가 아름답게 들려온다. 고층아파트로 숲을 이룬 '부유한 마을'에서는 꿈도 못 꾸는 자연의 선물이 이곳에는 가득하다.

가난한 마을의 정경을 그리고 있는 것 같지만 시인이 행간에서 갈파하고 있는 것은 사람의 지나친 욕망과 집착에 대한 경계다. '가난한 마을'은 '가난한 마음'의 비유다. '끊임없는 욕망'은 그 채워질 수 없는 '끊임없는 결핍'으로 인해 수많은 소소한 행복을 놓쳐버린다. '가난한 마음', 즉 '비운 마음'이야말로 '밤하늘의 총총한 별'을 보게 하고 '풀벌레의 노래'를 들을 수 있게 하는 것이다.

시인의 이런 사유는 "조용해지면" "내 안의 말 더 잘 들리고", "내 발자국 소리 더 잘" 들리고, "내 숨소리"까지 "더 가까이 들"린 다는 말에서 여실하게 나타난다. 따라서 "고요해지면" 그때 비로소 "나의 존재"가 "온 몸으로 다가오는" 것(「고요해지면」)이라고 노래하게 되는 것이다. 또한 이런 사유는 '볼 게 없으니 내가 보인다'라는 말과 정확히 일치한다. "내가 왜 여기 있지/ 내가 왜 여기까지 왔지/ 볼 게 없으니 내가 또렷이 보입니다"(「그런데 놀랍게도 2」) 잡다하게 '볼 게 많은 곳'은 구경하느라 시간에 쫓길 정도다. '볼 게 없는 곳'은 밋밋하다 못해 따분할 정도다. "그런데 놀랍게도" 볼 게 없으니 자신이 보인다.

내가 왜 '지금 여기'에 있는가를 사유하려면 주변에 '볼게 많은 곳'은 절대 아니다. 당연히 그곳은 '조용한' 곳이고 '고요'가 머무는 곳이다. 그곳은 집착이 '방하放下'된 '가난한 마음'이 있는 곳이 아니겠는가.

4.

필자가 알기에도 작년 겨울 시인은 눈길에 머리 터진 일이 있고, 맹장까지 터져 실제로 병상에 며칠 누워 있은 일이 있다. 「아프니까」에서 보는 것처럼 시인의 병상에서의 사유는 의외의 깨침뿐 아니라 삶에 대한 겸허한 통찰이 담겨있다.

이제
안드로메다는 못 가겠구나
맹장을 떼어냈으니
이제
우주로 나갈 수는 없겠구나
맹장을 없앴으니

우리 선조들이
우주에서
이곳 지구로 올 때
맹장을 어이 가지고 왔겠는가
아, 나는 이제
안드로메다에 갈 수 없겠구나

겨울 밤 내내
별이나 쳐다 볼 밖에

—「안드로메다」 전문

뱃가죽이 아파 크게 웃지도 못하는 처지지만 화자는 병상에서 자신의 생명과 몸에 대한 사유를 우주적으로 뻗혀 나간다. 생명의 기원에 대한 현대 이론은 '물질진화설', 즉 단순한 물질이 복잡한 유기질로 변화하고 이것이 원시세포로 발전하여 마침내

다세포 생물로 진화했다는 설과, '외계기원설' 즉 지구 밖의 우주공간에서 태양계로 날라든 생명체가 혜성에 실려 지구표면에 떨어지고 이것이 진화하고 발전했다는 두 가지 설이 있다. 물론 양쪽 다 상상을 초월하는 길고 아득한 시간이 개입했을 것이다. 화자는 후자의 설을 믿는 것 같다. 이는 바람에 이는 흙먼지를 보고도 우리가 "언젠가 우주를 떠돌다/ 이 땅에 내려앉았듯이" "새 생명 잉태하여" 혹시 "이 땅을 떠나려 일어나"는(「흙먼지」) 건 아닌지 스스로 묻는 걸 보아도 확실한 것 같다.

안드로메다는 지구가 속한 우리 은하와 여러 특징이 비슷한 가장 가까운 외부 은하다. 수천억 개의 항성과 행성의 대집단인 이 은하는 지구에서 자그마치 230만 광년이나 떨어져 있다. 생명의 우주기원설이 충분히 가능한 엄청난 규모가 아닌가. 화자는 이 거대한 은하와 자신의 조그만 맹장과의 관계를 생각한다. 그 먼 곳에서 선조들이 "이곳 지구로 올 때" 맹장을 달고 온 것은 다 충분한 이유가 있어서일 것이다. 그런데 화자는 그 맹장을 떼어냈다. 따라서 안드로메다에는 다시 돌아 갈 수 없다고 화자는 판단한다. 그래서 마지막 연에서 "겨울 밤 내내/ 별이나 쳐다 볼 밖에" 없다고 결론을 내리고 있다. 그러나 이는 바꾸어 말하면 겨울 밤 '내내' 별을 보겠다는 당위를 설명하고 있는 셈이기도 하다. 참으로 아름다운 결미다.

이 시에는 생명과 관련된 시인의 큰 통찰이 담겨 있다. 그는 수천억 개의 별로 구성된 거대한 '은하'와 인간의 몸에서도 가장 하찮게 여기는 살점 하나에 불과한 '맹장'과의 관계를 사유하는 사람이다. 존재 자체를 기적으로 생각하는 사람이다. "광활한 우주에서 티끌 같이 작은 이 땅에/ 생명체로 산다는 것/ 그것이 기적"(「기적」)이라고 노래하는 사람이다. 미물을 포함한 모든 생명체를 경외의 눈으로 보는 따뜻한 시선이 독자의 가슴을 덥힌다.

> 지난주에
> 눈길에 머리 터지고
>
> 이번 주에
> 배 아프더니
> 맹장 터졌다
>
> 다음 주엔
> 대박 터지겠지
>
> —「대박」 전문

이 글 초입에서 언급한 것처럼, 또한 앞의 시편들에서 보는 것처럼 시인은 시의 음악성을 위해 동일한 통사구조의 반복과 시행배치에 각별한 주의를 기울인다. 바로 앞의 시에서도 무엇을 '했으니' 무엇을 '하겠구나'라는 어떤 원인과 그로 인한 예측이 적절히 반복되고 있다. 위의 시도 마찬가지다. 시는 각 연마다 '지난 주', '이번 주', '다음 주'라는 때를 지시하는 말이 반복되며 시작되고 있고 이를 받는 '터지다'라는 자동사 역시 시제만 달리하며 "터지고", "터졌다", "터지겠지"로 반복되며 종결되고 있다. 그리하여 이 짧은 시는 완벽한 시적 운율을 확보한다.

'터지다'라는 말은 좋은 의미보다는 나쁜 의미로 사용되는 경우가 많다. 전쟁이 터지고, 타이어가 터지고, 분통이 터지고, 얻어터지고, 입술이 터지고, 코피가 터진다. 보조동사로 사용될 때도 마찬가지어서 사람이 게을러터지고, 국수가 불어터지기도 한다.

그런데 위의 시 역시 맹장이 '터져' 입원하고 있던 병상에서 쓴 것임을 잘 알 수 있다. 재수 없게도 '지난주'에는 "눈길에 머리 터"지더니 '이번 주'엔 "맹장 터졌다" 2주 연속 나쁜 일이 계속 '터지고' 있는 것이다. 그러나 셋째 연이자 마지막 연에서 이 재수대가리 없는 '터지다'라는 말의 의미는 확 뒤집어지며 갑작스런 웃음을 유발시킨다. 화자는 복권을 사둔 것임에 틀림없다. '대박'은 큰 이득이나 행운을 비유하는 말로 만약 대박이 터진다면 그것은 일등 당첨으로 벼락부자가 된다는 말에 다름 아니다. 그러나 우리는 모두 안다. 그가 복권을 사두었더라도 실제로 그런 일은 화자에게 결코 일어나지 않을 것임을. 화자 스스로도 안다. "다음 주엔/ 대박 터지겠지"라는 발화는 별 기대 없이 최소한 머리 '터지고' 맹장 '터진' 지난 두 주 보다는 나을 것이라는 자조 섞인 발화가 아닌가. 웃음 속에 페이소스가 깃들어 있는 재미있는 시다. 독자에게 '재미'를 주었다면 일단 성공한 시다.

5.

사랑의 시편들을 그냥 지나치고 갈 수는 없다. 여러 편의 시가 있지만 간절함이 넘쳐나는 짧은 시 하나를 본다.

> 잊을 수 없는 것
> 굳이 잊으려 말자
> 잊지 못 할 것
> 애써 잊으려 말자

그저, 연이거니
하고 살자

잊어서는 안 되는
연이거니 하고 살자

—「연」 전문

이 시에는 그 흔해 빠진 '사랑'이라는 말은 물론 늘 그 말에 붙어 다니는 '그리움'이란 어휘 하나 없다. 그 대신 의외로 '잊다'라는 동사가 반복된다. 그렇다고 해서 사랑하는 사람을 잊겠다는, 혹은 잊었다는 말은 물론 아니다. 오히려 화자의 사랑은 "잊을 수"도, "잊지"도 못하는 치명적인 사랑이다. 따라서 "애써 잊으려"해도 소용없는 일이다. 화자가 현재 맞닥뜨리고 있는 사랑의 현상이 첫째, 둘째 연에서 진술되고 있다. 우리는 불꽃같은 격정적 연심이 그 연유가 될 것으로 예측한다. 그러나 놀랍게도 화자는 셋째 연에서 그 연유를 담담하게 '연緣'으로 돌려 버린다. 잊지도, 잊을 수도 없는 사랑은 '연', 즉 결과를 만드는 직접적인 힘과 그를 돕는 외적이고 간접적인 힘에 연유하고 있다는 말이다. 넷째 연에서 화자는 다시 확실하게 못을 박는다. 그 '연'은 결국 "잊어서는 안 되는"연이다. 직·간접적인 모든 힘이 작용하여 이루어진 '연'이니 사람의 힘으로 이를 어찌한단 말인가. "낡은 것을/ 버리지 못하는 것이 병"이라면 시인은 그 병을 고칠 생각 전혀 없이 "환자로 남아/ 낡은 사랑 곁에/ 오래도록 머무르"(「낡은 환자」)겠다고 다짐하는 사람이다.

참으로 지극하고 아름다운 사랑이다. 그 사랑의 대상 역시 "강물에 반짝이는" "별의 딸"(「별의 딸」) 처럼 맑고 순수한 영혼의 소유자일 것임에 틀림없다.

문예시선003

별의 딸

초판 1쇄 발행 2017년 7월 31일

기　획 문예원 문예시선 편집위원회
지은이 안정근

펴낸이 홍종화
편집주간 박호원
편집 · 디자인 오경희 · 조정화 · 오성현 · 신나래
이상재 · 손경아
관리 박정대 · 최기엽
펴낸곳 문예원
출판등록 제317-2007-55호
주소 서울시 마포구 토정로 25길 41(대흥동 337-25)
전화 02) 804-3320, 805-3320, 806-3320(代)
팩스 02) 802-3346
이메일 minsok1@chollian.net, minsokwon@naver.com
홈페이지 www.minsokwon.com

ISBN 978-89-97916-86-3
SET 978-89-97916-85-6 04810

이 도서의 국립중앙도서관 출판시도서목록(CIP)은 서지정보유통지원시스템 홈페이지(http://seoji.nl.go.kr)와 국가자료공동목록시스템(http://www.nl.go.kr/kolisnet)에서 이용하실 수 있습니다.(CIP제어번호: 2017017528)

※ 책 값은 뒤표지에 있습니다.
※ 잘못된 책은 바꾸어 드립니다.